Cómo hacerse de un patrimonio sin caer en la

desesperación

Finanzas personales básicas

La lectura de una tarde que le cambiará la forma de ver el

dinero

Lic. Gloria Guadalupe Vega Montemayor

*A mis hijos Hugo Omar y
Andrés Salcido Vega*

Contenido

Las ideas de nada sirven si no hay

alguien que trabaje en ellas.

INTRODUCCIÓN

En las escuelas de este país, y de muchos otros, se prepara a los alumnos para desempeñar una profesión u oficio desde el nivel académico más básico hasta el más avanzado. Esta educación sólo puede llevarse al siguiente nivel dependiendo de la actitud del alumno, y de su iniciativa para seguir preparándose y actualizándose, que son una forma de sobresalir en el mundo laboral tan competido, es lo que hace la diferencia entre querer llevar a cabo una idea, y lograrlo.

Independientemente de cuán preparado esté para la vida laboral, a ningún estudiante se le da una asignatura respecto a finanzas personales, es decir, cómo administrarse uno mismo una vez que empieza a ganar un sueldo; o bien, información de cómo hacer para iniciar un negocio propio. Muchos tienen planes para su futuro económico pero no saben cómo aterrizarlos y hacerlos realidad.

La finalidad de este texto es darle al lector información que ni en casa ni en la escuela recibe, ya que, en esta última, el programa no lo contempla, y en casa muchas veces no hay quién le pueda orientar. Así que comienzan su vida laboral con muchos tropiezos y errores que no lo dejan progresar económicamente y que van mermando su confianza al creer que no es posible obtener un buen ingreso, que es lo que se busca.

Este libro es el resultado de una ardua investigación que se ha realizado sobre el tema del dinero, tiene por objetivo aportar ideas y sugerencias que usted podrá aplicar a sus proyectos económicos para realizarlos exitosamente. Es una lectura que, de una forma sencilla, explica cómo mejorar la actitud ante el dinero para que se multiplique más fácilmente a través del trabajo y disciplina, lo que dará como fruto mayores ingresos para cubrir las necesidades propias y de nuestras familias, con amplio margen de ganancias para seguir invirtiendo y así generar riqueza.

CAPÍTULO 1

Un buen comienzo

Ser productivo

Cuando una persona comienza su vida laboral o empresarial es importante saber qué es una *inversión* o *valor,* y qué es un *compromiso* u *obligación económica.* Debe saber que es importante ahorrar para crearse un patrimonio sin endeudarse irracionalmente o sin saber, a ciencia cierta, lo que está haciendo.

Es común en la sociedad que las personas salgan al mercado laboral o empresarial y comiencen a endeudarse, desconociendo el mecanismo de un crédito. Empiezan a comprar todo con dinero prestado, cuando deberían de ahorrar para adquirir lo que necesitan y crear su propia empresa. Iniciar un negocio no depende de poseer o no un empleo, y debe pensarse como primera necesidad, antes aún de obtener artículos lujosos a crédito. Un negocio dará las ganancias suficientes con las que, después, se podrán comprar artículos de lujo.

El crédito debe emplearse para financiar la empresa que desee llevar a cabo, y este endeudamiento debe ser acorde a su capacidad de pago, realizando el mayor número de abonos a capital posibles; es decir, adelantar pagos para liquidar más pronto la deuda. Hay que recordar que los intereses siempre son altos, y si se concreta a pagar el crédito mes tras mes hasta el último día del plazo, habrá pagado el doble o el triple de lo que le prestaron, según el monto de interés que haya pactado. No hay que pensar en los créditos como algo negativo, lo que sí es malo es no saber cómo operan, porque este desconocimiento llevará, invariablemente, a tropiezos financieros.

Es indispensable que esta información llegue a las personas antes de tener su primer empleo o negocio, debería ser una asignatura en el último semestre de todas las carreras, técnicas o universitarias, para no caer en la trampa de las compras a crédito. Aunque este tema aplica a todos, no sólo a los estudiantes sino a cualquiera que esté buscando su lugar en el engranaje de la economía de una sociedad. La decisión es personal, pero el conocimiento y la información son importantes y, finalmente, cada uno decide como manejarse financieramente; lo importante es informarse, preguntar, acercarse a las instituciones y saber cómo funcionan. Ver los pros y los contras de cada decisión que se toma, apoyándose siempre en la información.

Una vez que se es productivo, conviene saber cuánto de lo que se gana es posible destinar a una empresa que reditúe ganancias o destinarlas a inversiones. Se trata de una cadena infinita de reinversión para seguir ganando dinero. Un buen inversionista destina gran parte de sus ganancias al rubro de inversión, a sabiendas de que con ella generará más dinero. Si todo lo que se recibe es gastado o mal administrado, tarde o temprano se tendrá un grave problema económico.

Finanzas personales básicas

Este libro trata sobre *finanzas personales*, por lo que respecta a la palabra *personal* no hay la menor duda, ya que se refiere a nosotros mismos; en cuanto al término *finanzas*, hace alusión a las inversiones monetarias, es la forma en que se aplican los recursos existentes. Otra explicación es: que se trata del conjunto de actividades económicas relacionadas con los negocios y la banca, ésta tomándose como entidad crediticia o financiera. Ahora, ¿qué quiere decir *financiar*?, es apartar dinero para una empresa o sufragar los gastos de una actividad u obra.

La palabra *economía*, se puede decir que es una administración ordenada de los bienes o de la actividad de un grupo que concierne a la producción y consumo. Se trata del ahorro y la distribución de trabajo, tiempo y dinero; es la ciencia que trata la distribución de la riqueza.

Anteriormente se consideraba que la economía era la ciencia de la adquisición de la riqueza, hoy se le considera como la ciencia que estudia e indica los medios que una colectividad ha de emplear para aumentar su propia riqueza.

Todas estas definiciones se exponen con el fin de entender un poco más las palabras *finanzas* y *economía* que, por un momento, podríamos pensar que están encaminadas a aplicarse al gobierno o a las grandes empresas y que distan mucho de personas físicas pero no es así, ya que aplican de igual forma a personas físicas o morales.

Aquí es donde se propone hacer un ejercicio mental aplicando cada uno de estos conceptos a su propia vida, tomando en cuenta que la riqueza básica es nuestro sueldo y los bienes que se poseen, así como los negocios; pero la mayor riqueza que el ser humano posee es la inteligencia. Mucha o poca, el caso es ponerla a trabajar para bien propio y, en consecuencia, para nuestro entorno, sin perder de vista los principios básicos de honestidad y respeto para nuestros semejantes y la naturaleza.

El primer paso para llegar a una meta es una idea con la cual trabajar, y esto sólo el cerebro lo puede dar; es aquí donde estriba la más grande riqueza personal que hay que poner a producir, idea que se debe aterrizar para llevarla a cabo. Lo más importante no es cuánto tiempo y esfuerzo haya que invertir, sino la manera inteligente en que se apliquen para generar más ganancias que incrementen su patrimonio.

La base es hacer inversiones, es decir, negocios que generen ganancias, y saber capitalizar de nuevo esas ganancias. Es vital que no se quede trabajando sólo una idea, usted puede poner muchas a trabajar y que todas le den ganancias. Esto es diversificar, no poner todas las manzanas en la misma canasta, para tener diferentes fuentes de ingresos y, con ello, aumentar sus ganancias.

Esto lo podríamos resumir a una simple fórmula:

Trabajo + ahorro + ideas + tiempo + inteligencia inversora

=

inversión productiva

Una inversión que sea redituable es sólo el resultado de esta fórmula que, bien manejada, dará resultados positivos. No basta utilizar sólo uno de los elementos, hay que aplicarlos todos para obtener aquello por lo que se ha trabajado, hay que pensar siempre que de nada sirve una gran idea si no hay alguien dispuesto a hacerla realidad. Una vez que esta idea comienza a generar dinero se debe de tener presente que "La meta es que la riqueza sea invertida para generar más riqueza" (Slim, 2010, El Universal.mx).

CAPÍTULO 2

Solo ante el mundo laboral

Qué hacer

Un día despierta y descubre que ya no es un estudiante y que tiene que empezar a trabajar, o tal vez sucedió un poco antes de que saliera de la escuela. Se da cuenta que comienza su vida laboral y comienza a hacer planes para el futuro y a readaptar los que ya tenía, porque es en lo que ha pensado desde que entró a estudiar. Y, de repente, se encuentra en un ambiente donde lo que predomina son los comentarios de que "no hay trabajo", "no hay oportunidades", "hay crisis", "hay pocos clientes" y un sinfín de comentarios negativos que van afectando su estado de ánimo.

Ahora, entérese que es sólo *usted* quien puede cambiar la historia, quien puede darle un rumbo mejor a su vida. Y ¿cómo se hace esto?, nadie dijo que fuera fácil, pero tampoco imposible, esto se logra, poniéndole calidad a lo que hace, trabajando, estudiando, actualizándose, creyendo en *usted* y comprometiéndose con su causa, entre otras muchas cosas, que irá agregando a su *lista de actitudes positivas.*

Descubra cuál es su misión, su pasión y propósito en esta vida, trace su propio mapa: dónde está, a dónde quiere ir y qué necesita para lograrlo. Hay que visualizar lo que quiere en su vida y las diferentes formas de lograrlo, tener una visión del futuro es lo primero, y en seguida pensar que desde el día de hoy va a lograrlo.

Recuerde cuando entró al primer año de la carrera, cuando comenzó a estudiar, ¿cómo se visualizó al final del ciclo?, seguramente se imaginó terminando sus estudios, titulándose. En su momento fue una visión positiva y clara del futuro, objetivo que se alcanzó porque dio su mayor esfuerzo para llevarla a cabo y así es la vida laboral.

Es importante mencionar que el tener un título universitario no es determinante para su carrera empresarial. No obstante que quien esté mejor preparado tiene mayores oportunidades de triunfar, hay personas que apenas saben leer y escribir y son exitosos en los negocios. No importa su grado de preparación académica para comenzar una empresa, lo que sí marca diferencia es su disposición para que, aún sin tener estudios profesionales, busque información, se actualice y asesore para estar siempre al día en el ramo que maneje. La información es valiosa y marca la diferencia entre alguien exitoso y alguien que no lo es; ella lo pondrá a la vanguardia.

Las reglas del juego

Volviendo a cómo comenzar a ganar dinero, lo primero que se debe tener es una idea, un sueño que aterrizar, que realizar; y para ello se necesita toda una serie de conocimientos que se tienen que ir adquiriendo. Si siente que no sabe mucho al respecto, entonces a seguir estudiando o informándose para mejorar la calidad del servicio que esté ofertando en el mundo laboral, si es su trabajo el que oferta; o en el mundo de los negocios, si es a través de una empresa el servicio que vende. El que maneja información tiene el poder, el poder de realizar correctamente lo que está emprendiendo.

Como ya se dijo, no va ser fácil, necesita organizarse y hacer todo para que su idea funcione y, como se decía antes ("antes" porque este mundo avanza a pasos agigantados), "El cielo es el límite" pero ahora el infinito es el límite, así que hay mucho por hacer. Lo peor sería no hacer nada, y lo mejor, hacerlo bien y con calidad.

Recuerde que cualquier cosa que quiera emprender, tanto en la vida laboral como de empresa, tiene sus propias *reglas del juego*; sus propias normas legales, administrativas; y procesos de elaboración del bien o servicio que oferte en el mercado y, como todo, si quiere jugar se deben cumplir las reglas del juego para no incurrir en faltas que acaben por perjudicar su trabajo.

Y lo económico ¿cómo va a empezar?, es posible que cuente con algún apoyo financiero por parte de su familia o que usted haya ahorrado para su comienzo profesional o bien que tenga que acudir a algún tipo de crédito.

Este libro le proporcionará algunas ideas de cómo organizar sus finanzas y cómo administrarse, con métodos y terminología sencillos; pero, conforme vaya creciendo su negocio, se tendrá que asesorar a niveles más especializados de administración de empresas e incluso contratar personal especializado en administración y finanzas. Aquí encontrará información que le servirá para comenzar su empresa y le hará pensar en la importancia de estar al tanto de todo lo concerniente a lo administrativo y a lo legal que incumbe a su tarea laboral.

Cómo planificar su futuro financiero

Aunque parezca complicado, planificar eficientemente su futuro financiero y mejorar de forma dramática los resultados del modo en que utiliza su dinero, es más sencillo de lo que imagina y se puede decir de una forma fácil. Ahora que termina su formación profesional o que por sus circunstancias personales, es tiempo de pensar en cómo va a planear su futuro económico, pero sobre todo su presente, para consolidar una independencia económica, lo mejor posible para su vida personal.

Existe una *clave mágica* en el mundo del dinero, si la aplica obtendrá los resultados que usted quiera con sus finanzas personales y se puede resumir de la siguiente manera:

1. Usted no tiene que buscar la *riqueza* como un concepto abstracto, su búsqueda tiene que orientarse a lograr la *independencia financiera.*
2. Por *independencia financiera* se entiende el momento en que usted obtiene más *ingresos pasivos* que sus gastos.
3. Y, finalmente, *ingresos pasivos* son aquellos que obtiene gracias a inversiones y que no dependen de su trabajo, que es el que le otorga los *ingresos activos.* (Programa de Formación de Inversores, n.d., documento electrónico)

La *independencia financiera* se logra aprendiendo a invertir para conseguir ingresos pasivos, estos son los que se obtienen sin trabajo personal, como son las ganancias o rentas, entre otras; y continuar con esa actividad hasta que ellos superen sus gastos habituales.

En los siguientes capítulos encontrará una serie de conceptos básicos e ideas para conseguir su objetivo de autosuficiencia económica y para que, sin ser un experto en finanzas, tenga los conocimientos básicos para empezar a formar su patrimonio.

CAPÍTULO 3

El ahorro y la inversión

El ahorro ahora

"El ahorro es clave para la realización de metas financieras que pueden alcanzar grandes proporciones" (La guía para construir tu patrimonio, 2007: 11). El dinero ahorrado es dinero ganado, entendiendo que el dinero ahorrado es dinero invertido que, a la larga, le dará un rendimiento que incrementará su patrimonio.

La mayoría de la gente piensa que el ahorro es para los que ganan mucho, ya que una vez cubiertos los gastos personales y de la familia, no es mucho lo que queda, lo que resulta en un gran error al momento de planificar gastos. El ahorro es un rubro más en la agenda de prioridades en nuestras finanzas, que debe cumplirse disciplinadamente según sean los ingresos, que pueden ser semanales, quincenales o mensuales.

Sin embargo, "ahorrar por ahorrar o invertir por invertir carece de todo sentido" (La guía para construir tu patrimonio, 2007: 16), no se trata de poner su dinero en una alcancía y dejarlo ahí para que cada día valga menos; el ahorro debe estar acompañado de un plan financiero de vida, esto es, que sea destinado a una inversión (ésta puede ser un inmueble ya sea una vivienda, un local comercial, una nave industrial; o maquinaria para nuestra empresa que, a la larga, le dará un rendimiento, le permitirá comprar un automóvil, ir de vacaciones o establecer un negocio) donde usted pueda ver a dónde va el dinero ahorrado: ahorro que permite prevenir situaciones difíciles que puedan presentarse en la vida.

Los *objetivos financieros* dependen de las necesidades personales de cada uno, sin embargo siempre una cantidad deberá ser destinada a estar pagando un bien que forme parte de nuestro patrimonio, es decir, las inversiones; a esto se le conoce como *ahorro aplicado*.

Para tener un buen margen de inversión es importante no malgastar el salario o las ganancias de su negocio y hacer una aplicación óptima de los recursos para que no exista mala aplicación del producto de su trabajo. La clave del ahorro consiste en sustituir e incluso eliminar gastos optimizando los recursos. Esto significa que las finanzas personales serán saludables mientras los gastos de corto, mediano y largo plazo no superen sus ingresos actuales ni futuros, dicho de otra manera: es no gastar más de lo que se gana.

Respecto a cómo invertir, "es responsabilidad de cada persona mantenerse informados sobre cómo invertir, qué seguros adquirir y cómo cumplir con las obligaciones legales" (La guía para construir tu patrimonio, 2007: 12), como los impuestos y las cargas tributarias.

En el caso de las inversiones, se debe contar con la mayor información posible ya que se trata de nuestra seguridad económica, esto permitirá tomar la mejor decisión. Cuando se haga un contrato de cualquier tipo, debe leerse de principio a fin y preguntar cualquier duda; asesorarse bien con la anticipación necesaria. Asimismo, al momento de firmar cualquier documento léalo cuidadosamente y solicite una copia de él, quizá en un futuro lo pueda necesitar.

No se le puede decir en qué invierta o qué negocio ponga porque esto depende de cada persona según sus aptitudes, conocimientos y gustos. Cada caso es diferente y, se podría decir, que personalizado.

El patrimonio

Hablando de ahorro e inversiones, que son igual a *patrimonios*, hay metas generalizadas en una sociedad, como lo son: casa, auto, vacaciones, educación de los hijos, un negocio, asegurar el retiro, etc., lo importante es que cada quien sepa lo que quiere y trabaje para conseguirlo, ordenándolo por prioridad.

Las metas deben ser viables y medibles para saber de cuánto se está hablando para conseguirlas. Empiece por ponerse un reto pequeño para sentir la satisfacción de lograrlo, fruto de la disciplina que haya tenido en el proceso de obtenerlo, será un poderoso estímulo para buscar y lograr metas cada vez más grandes. Cuando se hace una estrategia financiera, antes de irse a lo grande hay que empezar paso a paso en lo que conocemos mejor el terreno.

Hacer uso de un crédito en forma disciplinada y responsable puede ser una gran opción para hacerse de un inmueble o un negocio que incremente su patrimonio, pero hay que tener un plan a seguir para aplicar los recursos de manera óptima, sin olvidar evaluar siempre las ventajas y desventajas de cada préstamo; son muchos los tipos de préstamo que existen en el mercado y todos son diferentes. Lo importante es que encuentre uno que se ajuste a sus requerimientos y a su presupuesto.

Una vez que ha adquirido el hábito del ahorro, éste debe llevar consigo el objetivo de en qué lo va a aplicar, hay que hacer algo verdaderamente productivo con ese dinero, convertirlo en una inversión que le reditúe un beneficio, así diversificará sus inversiones, lo cual debe ser el objetivo.

Inversiones

La mejor inversión siempre será un negocio, mientras garantice las ganancias necesarias, para lo cual debe planear bien su empresa. Porque una vez que ésta empiece a dar ganancias podrá hacerse de más inversiones que, a su vez, le den rendimientos.

Es importante que durante el proceso se tenga una buena calidad de vida en todos sus aspectos para que vea sus ganancias siempre, a corto, a mediano y a largo plazo. Y, aunque sobre decirlo, todo este proceso se realice en estricto apego a la ley y sin detrimento de nadie y de nada; que sean negocios ecológicos y sustentables.

Al referirse a inversiones para acrecentar el patrimonio personal o familiar se habla de inmuebles, vehículos, negocios y maquinaria —que es lo más común en el mercado, o lo primero a lo que se aspira— pero una vez que el flujo de efectivo avanza y se quiere invertir de otra manera, hay una infinidad de opciones como son las divisas, el oro, la plata, los Cetes, las acciones, etcétera. Para este tipo de inversión se recomienda que se asesore con varios expertos en la materia para estar lo mejor informado al momento de tomar una decisión.

Se le recomienda que diversifique su patrimonio, es decir, que no invierta el total de su dinero en una sola cosa, que tenga varias opciones; así, para una emergencia, no habrá puesto todas las manzanas en una sola canasta.

En el capítulo "Los créditos y las obligaciones que contraemos" se explicarán más ampliamente los pros y contras de estos, por el momento tenga en mente que cuando compre un bien y esté pagándolo a través de un crédito, no se concrete a pagar la mensualidad, trate de abonar a capital o adelantar pagos, esto le ayudará en su historial crediticio y en su economía.

Qué tomar en cuenta al momento de adquirir una vivienda

Una de las primeras inversiones que se realiza es la adquisición de una casa, por lo que a continuación se le darán algunas recomendaciones que le servirán cuando comience a pensar en comprar una vivienda.

Cuando una persona decide comprar su casa, inicia un proceso que requiere de tiempo e información de diferente índole, desde la forma de pago, hasta qué vivienda adquirir, cuál es la apropiada para cada persona según su presupuesto, sus necesidades y sus gustos.

Comprar una vivienda implica, primero, informarse de cada una de las formas de financiamiento, si no se cuenta con el efectivo suficiente; de las instituciones que pueden financiar; y, si se cuenta con el efectivo, tomar en cuenta la posibilidad de hacer un ofrecimiento de una cantidad menor al precio del inmueble. En el último caso, el beneficio del vendedor es que no lo harán esperar con el pago ya que éste será inmediato.

Si su compra es a crédito, la oferta crediticia es amplia en opciones, con esquemas diversos que varían en cuanto al enganche, la tasa de interés, el plazo, los gastos de apertura de crédito, la escrituración, los impuestos, el prepago a capital, la penalización, gastos de avalúo, investigación, hay los que ofrecen el 100% del valor del inmueble y otros que te piden un enganche. Lo que se debe tomar en cuenta es que a mayor enganche menos deuda y menos intereses, variando los requisitos y características del préstamo en cada institución crediticia. Otra disyuntiva que hay que enfrentar es si adquirir una casa nueva o usada, calcular la plusvalía que pueda llegar a ganar; hay zonas que tienen mayor posibilidad de aumentar su precio que otras.

La oferta crediticia es diferente en cada institución, por lo que es importante informarse bien qué ofrecen y qué exigen, así como la documentación que solicitan. Una vez hecho esto, usted decide cuál es la que mejor se adapta a sus circunstancias personales.

También verifique con qué seguros cuenta el crédito que desea adquirir, como son los de daños a la vivienda, seguro de desempleo y muerte del titular del crédito, entre otros, también tome en cuenta al contratar la forma de pago, si será en pesos o en UDIS (Unidades de Inversión), pero recuerde que esta última no es apropiada para un crédito sino para cuando va a invertir y obtener un rendimiento; en síntesis, lo mejor para los créditos es contratar en pesos. Para tomar una decisión es importante saber si es tasa fija o variable, así como conocer el CAT (Costo Anual Total) de su crédito, que es el interés o pago por millar.

Otra forma de comprar es por medio de un traspaso, lo que se debe hacer de forma legal para no tener problemas, acudiendo a la institución crediticia para informar que se desea hacer el traspaso y le asesoren de qué forma proceder. Nunca haga este trámite por su cuenta, entre familiares, amigos o conocidos, ya que esta opción podría traerle serios contratiempos. Tome en cuenta que en algunos casos hay penalización en el caso de que, una vez iniciada la compra-venta, se deshaga el trato.

Cada opción es válida y diferente, pero sin importar cuál sea la que usted decida, verifique el aspecto legal. Es vital que vea y lea la documentación que va a firmar, evite sorpresas, aclare sus dudas y conozca sus derechos y obligaciones antes de realizar la firma.

Ahora, por lo que hace a la vivienda, verifique que ésta sea la mejor opción que exista en el mercado de acuerdo a su presupuesto y a sus requerimientos, revise los acabados y calidad de los servicios (agua, alumbrado, seguridad, gas, etc.), verifique además el uso del suelo, el valor por metro cuadrado de la zona en que piensa comprar. No se quede con la primera opción, tómese su tiempo, evalué la mayor cantidad de posibilidades y compare varias alternativas antes de decidir, recuerde que de su elección depende su tranquilidad y calidad de vida.

Por otra parte, recuerde que si adquiere un crédito, los intereses reales que éste ocasione son deducibles de impuestos. No se desanime si de primera impresión parece complicado, sólo se trata de familiarizarse con el proyecto al que quiere acceder y realizarlo ¡vale la pena! porque se trata de que haga una buena inversión.

CAPÍTULO 4

Los créditos y las obligaciones que contraemos

En qué consiste el crédito bancario o de institución financiera

La figura del crédito bancario o de institución crediticia, consiste en el dinero que un banco o institución, presta a una persona física o moral a cambio de un interés preestablecido, lo cual se lleva a cabo mediante un contrato que las partes se comprometen a cumplir. El crédito compromete a una persona a satisfacer puntualmente las responsabilidades que contraiga.

Qué tomar en cuenta antes de contratar un crédito

1. **Mida su capacidad de pago.** Tome en cuenta de cuánto es su ingreso y calcule de cuánto dispone para pagar mensualmente el préstamo que está por adquirir, piense también en todos sus demás compromisos económicos. Por lo general, el pago mensual no debe exceder el 30% de su salario o ganancia mensual.
2. Tenga presente que, al adquirir un crédito, si sus pagos los hace puntuales, al final tendrá un buen **historial crediticio.**
3. Un crédito se debe aplicar directamente para lo que fue solicitado, en el entendido de que se le va a redituar lo suficiente para pagar la mensualidad y prever un **margen de error** para cuando haya un mes con menos ganancias que otro.
4. Un crédito o préstamo requiere tener **disciplina** (como en cualquier empresa mercantil o personal) para cumplir con los compromisos que le exija.
5. Debe **informarse** bien qué clase de crédito está adquiriendo, pues todos son diferentes y tienen condiciones distintas.
6. Esté consciente de que para adquirir un crédito le van a pedir una **garantía** que, muchas veces, va a ser el mismo bien que esté adquiriendo, por tanto, es un punto a pensar antes de elegir el lugar en donde se va a contratar el crédito.
7. El pago de la mensualidad puede ser una cantidad fija o variable según como lo contrate, una recomendación es que **no lo contrate en UDIS** porque es como contratar en dólares, su deuda va a

fluctuar de acuerdo a como esté dicha unidad de inversión en el mercado. Las UDIS son para las inversiones no para los créditos, también existe la forma de **pago en salarios mínimos** que también es muy variable pues su mensualidad sube en forma proporcional a como sube el salario. La otra manera de contratarlo es a una **cantidad fija** mensual, aquí lo que varía es el **monto de los intereses**, por eso es importante que pregunte en varias instituciones porque cada una es diferente.

8. Al adquirir un crédito para comprar un bien, **terminará pagando de dos a tres veces del monto que se le prestó**, esto quiere decir que si compra una máquina que cuesta cien mil pesos al final del crédito habrá pagado de doscientos a trescientos mil pesos, aquí es recomendable que no se limite a pagar el mínimo mensual que le marca el crédito, **siempre pague un poco más** y, de ser posible, abone cantidades más grandes a capital. Esto sólo en los tipos de crédito que lo permiten, ya que en algunos se estipula que no se admiten pagos a capital y que tiene que esperar hasta el término del contrato con su pago mensual y, en caso de querer liquidarlo, le dan una penalización. Si existe esta modalidad, de antemano pregunte en qué consiste.

9. **Use el financiamiento para proyectos productivos.** Antes de pedir un crédito determine para qué lo utilizará exactamente, cuando tenga el efectivo utilícelo para lo que planeó, parece obvio pero no todos lo hacen; con el efectivo en su cuenta, puede disponer de este para lo que no estaba planeado. En algunos tipos de créditos es el banco el que se encarga de hacer el pago directamente al proveedor del bien que está adquiriendo y otras lo depositan a su cuenta bancaria, que con antelación debió haber abierto como requisito para otorgar el crédito.

10. Al momento de adquirir un préstamo verifique el **pago de un seguro**. No obstante que, cuando se piensa en asegurar un bien, cuesta trabajo pensar en algo intangible como lo es un seguro y tan material como el pago del precio de ese seguro, sin embargo, es algo que no puede esperar y que muchas veces ya va implícito en el pago de la mensualidad del crédito. Hay que aceptarlo como parte de una nueva cultura que, en muchos países, cada vez es más común y que lo mejor es no tener que hacer uso de él, pero que si se necesita va a serle de mucha utilidad.

11. **Fíjese metas y cúmplalas**, a corto, mediano y largo plazo y organice bien sus finanzas, ya que uno de los primeros errores que cometen los que comienzan un negocio es no separar los recursos del negocio y los que tienen que ver con las necesidades personales o de la familia. Mezclar las ganancias sin separar las cantidades que se destinarán para cada rubro y financiar otras actividades (vacaciones, celebraciones, compras, etcétera), es un grave error, ya que se está faltando al principio de organización y cumplimiento de las obligaciones a las que se comprometió y le puede llevar al fracaso. Es como comerse la gallina de los huevos de oro, si todos los días le está dando un poco de oro ¿para qué matarla?

12. Recuerde que una tarjeta de crédito no es parte de su salario o de las ganancias de su negocio, es dinero que le están prestando y se lo cobrarán con intereses. Sea muy prudente al emplearla.

Qué no hacer

Para ser un buen inversionista hay que omitir algunas conductas que lo llevarían a tener unas finanzas personales insanas, y que ocasionarían problemas económicos difíciles de salvar y que, en ocasiones, se llevan a cabo sin percatarse que son contrarias a lo que tratamos de lograr, que es nuestra libertad económica. Estas son algunas:

- **Gastar más de lo que gana.** Sólo se endeudará, aunque sea muy optimista y piense que pronto ganará más y pagará sus deudas, en este círculo vicioso es común que a mayor ganancia, mayor deuda.

- **Derrochar sus ganancias o sueldo.** Esto es que, si bien no gasta de más, sí se gasta todo lo que gana sin invertir para un patrimonio, es lo contrario a ser un buen inversionista.

- **Ahorrar y no invertir.** Ahorrar es bueno, pero de nada sirve si no se destina ese dinero a una inversión, el dinero guardado en una alcancía o en una cuenta bancaria, cada día vale menos.

- **Comprar lujos a crédito.** Nada está más contraindicado para ser un buen inversionista que destinar su crédito, salario o ganancias a bienes que no le redituarán y que le resultarán más onerosos.

- **Dejar de pagar sus deudas,** ya que, si lo hace, éstas cada día crecen más, y la institución crediticia se valdrá de todas las formas posibles para cobrar su dinero.
- **Ser fiador.** Firmar como garantía de que una persona pagará su deuda representa un gran problema, no importa cuán responsable sea la persona, hay situaciones que no se pueden salvar y acabará pagando una deuda que no es suya. Recuerde que **fiador es pagador,** y si no paga terminará calificado negativamente en el buró de crédito, impidiéndole adquirir créditos posteriormente.
- **Creer que sólo con su pensión de jubilación va a vivir en su vejez.** Ahora que la expectativa de vida es más alta debe planear bien en qué trabajar cuando sea un adulto mayor, su pensión no le será suficiente. Esto, además de las inversiones que pueda llegar a tener, deberán redituarle para que después no culpe a los demás por no tener suficiente dinero para cubrir todas sus necesidades.
- **Creer que la juventud es eterna y no ahorrar para la vejez.** No es responsabilidad de su patrón ni del gobierno ni de su familia hacerse cargo de usted cuando sea adulto mayor: ocúpese desde ahora de su manutención para cuando ya no pueda trabajar. Ahorre e invierta aunque piense que cuando se muera no se va a llevar nada a la tumba.

CAPÍTULO 5
Su campo de trabajo

Qué es lo que quiero

Una vez que se decide a encontrar un trabajo o a iniciar una empresa ella se convierte en su campo de trabajo, donde se desempeñará poniendo en práctica todos sus conocimientos y aptitudes. Las dos alternativas son buenas, lo importante es cómo se administre, que aprenda a optimizar sus recursos y a organizar sus finanzas.

Un empleo

De acuerdo, ya encontró un empleo y está a punto de recibir su primer pago quincenal. Ahora es el momento de que separe una cantidad que será su ahorro, el que destinará para algún otro negocio o para invertirlo en un inmueble (ya sea que pueda pagar el total o que junte para el enganche y se apoye en un crédito para terminar de pagarlo) el cual será parte de su patrimonio, o puede destinar a su propio negocio, con lo que tendrá otra fuente de ingreso.

Su empleo es el primer paso para empezar a invertir en otros bienes, que le llevarán a su independencia económica. Para esto, detecte su propio nicho de negocio y diseñe un plan para llevarlo a cabo, sea creativo y emprendedor. Al planear su negocio tome en cuenta la inversión que tiene que hacer, el capital de trabajo, los impuestos, las licencias y permisos, los seguros y los gastos imprevistos, así como el *capital humano,* que serán las personas que le ayuden en su proyecto.

Es posible que en un negocio los primeros meses no vea muchas ganancias, lo que no debe minar su ánimo. Aún y cuando haya conseguido un empleo, éste sólo hecho no le garantiza la permanencia, siga preparándose, conozca más del tema de su especialidad, continúe capacitándose y actualizándose, trabaje con calidad, lo que le hará estar a la vanguardia del ramo que maneje, recuerde que ser el mejor es el camino, no la meta. Tenga una visión clara del futuro, y recuerde que todos los grandes proyectos se iniciaron con una idea en la que algún emprendedor trabajó y la llevó a cabo, nadie dijo que fuera fácil. Cuando comience su negocio, recuerde establecerse dentro del marco legal, esto es dentro de la economía formal; respetar al prójimo, a clientes, empleados, proveedores, autoridades y a las instituciones, y cuidar el medio ambiente.

Una empresa

Ahora bien, recuerde que cualquier lugar puede ser su campo de trabajo si no cuenta con un empleo. Usted puede llevar a cabo su propio proyecto de empresa, existen en el mercado infinidad de empresas que dan asesoría a quienes solicitan crédito para algún negocio; también se encuentran las incubadoras de negocios, que consisten en que lleve su proyecto y ellos le asesoran con un plan para realizarlo.

Estas incubadoras se encuentran en la Secretaría de Economía y en la Secretaría de Comercio, así como en algunas escuelas con materias afines a los negocios; además de las empresas particulares que se dedican a la asesoría, es cuestión de que se informe en su localidad cuáles pueden darle el servicio. Busque algo apropiado para usted, lo importante es que no se quede estático, encuentre su lugar en el mercado donde pueda prosperar su idea de negocio y éste lo lleve a su libertad económica.

Lo ideal sería que cada uno creara su empresa y, con ello, diera oportunidades de trabajo a otras personas que, a su vez, estuvieran planeando su propia empresa que dé empleo a más personas: lo que estaría creando riquezas en una sociedad emprendedora y creativa que, finalmente, sería lo mejor para todos. Cada uno podría satisfacer sus necesidades sin tener que culpar al gobierno por no crear oportunidades de trabajo para poder prosperar, ya que la responsabilidad es nuestra, no de los demás, debemos esforzarnos lo suficiente para no ser una carga financiera para alguien, y sí ser personas emprendedoras, creativas, triunfadoras y autosuficientes.

Nadie tiene la culpa de que tengamos pobreza sino nosotros mismos, la solución, si no se tiene nada económicamente, es estudiar y trabajar para salir de la pobreza, esto es algo que muy poca gente está dispuesta a llevar a cabo porque requiere un gran esfuerzo, y aunque es más cómodo, resulta triste quedarse esperando a que alguien lo saque a uno de la pobreza y, si nadie lo hace, es más fácil culpar a los demás. No depende de los demás el que uno deje de ser pobre o de tener carencias, cada quien puede llegar hasta donde quiere, el infinito es el límite.

El precio del éxito

Tal vez piense que es fácil decir que con trabajo y una buena estrategia un negocio puede llegar a prosperar, esto en letras, en un papel, parece un sueño color de rosa, pero en la realidad es muy diferente; efectivamente, tiene razón. Aunque parezca una idea fuera de contexto no lo es, ya que si analiza los grandes negocios o empresas en que quiera pensar, se iniciaron con una idea a la que se le puso la suficiente fe —y por fe se entiende creer en su propio proyecto por muy loco que parezca— además de que se llevó a cabo con arduo esfuerzo, pero principalmente es el trabajo de quien creyó en sí mismo, de quien creyó en su derecho de tener lo que deseaba. Esto es todo un proceso, lo importante es no detenerse, seguir hasta conseguir lo que quiere por difícil que sea o por imposible que parezca. Recuerde siempre darle un plus o valor agregado a su trabajo, siempre haga su mejor esfuerzo y esto siempre se notará en el resultado.

A nadie le caen las cosas del cielo, detrás de esa pantalla de triunfo de todos los que han logrado algo grande en su vida, está un arduo trabajo y muchas noches de desvelo. Nada en esta vida es gratis, aún cuando algo salga mal, queda el aprendizaje para aplicar en la siguiente empresa, teniendo un objetivo claro de lo que se quiere para así poder saber cuál es el camino a seguir para alcanzarlo, con una visión positiva y clara del futuro pero sobre todo del presente, sentir orgullo por lo que se hace y saber que vale la pena. Todo es cuestión de planeación y organización, y para ello son las ideas que en este libro encontrará.

CAPÍTULO 6

Inteligencia inversora

¿Qué es la inteligencia inversora?

La *inteligencia inversora*, es el proceso mental a través del cual se resuelven los problemas financieros y se crean ideas que generen ganancias: es saber en qué invertir. Y para ello se le ofrecen a continuación varios conceptos que puede poner en práctica.

Algunas sugerencias

- El primer paso para allegarse recursos es un empleo, éste se debe realizar con la mayor calidad posible pero, a la vez, se recomienda echar a andar su propio negocio, y no sólo uno, todos los que le sean posible.
- Rodéese de gente inteligente y comprometida, ellos aprenden de usted y usted de ellos.
- Hay que competir en el mercado laboral con inteligencia, preparándose académicamente, reeducando los buenos hábitos financieros y actualizándose, pero sobre todo innovando.
- Si su percepción del dinero es negativa, reprograme su mente. Comience por pensar que sí se puede lograr todo lo que se proponga, será más fácil si deja de pensar en que no se puede y comienza a pensar en cómo hacer para que se pueda.
- Sea creativo, tenaz e innovador, lo que le dará mucho para trabajar a su favor.
- Adquiera activos, que son inversiones que le darán a ganar en plusvalía; en una renta y en ganancias, tratándose de un negocio.
- La mayor riqueza que se puede tener es la inteligencia, hay que ponerla a trabajar para generar ganancias. Hay que ser creativos e innovadores.
- Para *finanzas básicas* sólo se necesitan matemáticas elementales y sentido común; entre más vayan creciendo nuestras empresas, se deben adquirir conocimientos en *finanzas avanzadas*.

- Cualquier empresa que se decida a comenzar necesitará asesorarse en la materia que desea desarrollar, conocer el mercado, quienes son sus clientes potenciales, su competencia, lugares estratégicos y todo lo relacionado con su negocio.
- Separe los negocios de su vida personal, cada uno de estos aspectos tienen su propia ciencia, que no hay que mezclar.
- El llevar su empresa conforme a lo establecido por la ley le permite estar dentro de la economía formal, y le permite crecer sin la zozobra que ocasiona el trabajar fuera del marco legal que le limita a hacer todo lo que esté a su alcance para que crezca su empresa.

El círculo vicioso de las deudas sinfín

Se llega el tiempo de graduaciones y con ello se ve coronado el esfuerzo de los jóvenes y padres de familia o tutores, que ponen toda su fe y recursos en obtener un título académico. Esfuerzo que conlleva muchos años de trabajo, estudio, dedicación, desvelos, tropiezos y todo lo que ello significa, sin darse por vencidos; para aspirar a una profesión y un trabajo mejor remunerado, sabiendo que con un título se puede aspirar a algo mejor en el mercado laboral, formando parte de la fuerza económicamente activa del país.

Son jóvenes con grandes proyectos de vida, comenzando por ser independientes, autosuficientes; están ávidos de comprar cosas, bienes y servicios que como estudiantes no podían tener. He aquí que se encuentran con la primera trampa económica: adquieren créditos para obtener satisfactores que piensan que, como ya trabajan, van a ser fáciles de pagar, y ahí empieza el círculo vicioso del que difícilmente saldrán.

Cuando un joven se gradúa es importante que alguien le explique qué es una *inversión* o *valor* y lo que es un *crédito*, la importancia de ahorrar para crearse un patrimonio, sin endeudarse, sobre todo porque va empezando y no tiene compromisos. Pero sale al mercado laboral y comienza a endeudarse, a comprar todo a crédito, cuando debería de ahorrar e iniciar su propia empresa y vivienda.

Ahora, si se requiere hacer uso de un crédito para financiarse, éste debe ser acorde a su capacidad de pago y tratar de hacer abonos a capital porque los intereses siempre son altos. Además de que si se espera a terminar de pagar un crédito hasta el final del plazo, habrá pagado el doble o hasta el triple de lo que le prestaron. Eso en el caso de que no se atrase o tenga que dejar de pagar la mensualidad, de tener retrasos al pagar el monto prestado se convertiría en una deuda sin fin. Un ejemplo de esto último, son las tarjetas de crédito cuando se paga únicamente el monto mínimo mensual y se sigue haciendo uso de ellas.

CAPÍTULO 7

La crisis económica

¿Qué significa 'crisis económica'?

Mientras una persona tiene trabajo y puede acceder a créditos en cualquier institución dedicada a este fin, tiene confianza, en que todo debe salir bien, no se preocupa por el ahorro, la inversión, las tasas de interés, las comisiones y los gastos innecesarios que se efectúan en una empresa sin optimizar recursos.

Con la crisis y una población endeudada por la ignorancia de lo que está haciendo, hasta los bancos se interesan en dar cursos de cultura financiera, para que los clientes aprendan a gastar con medida y a no endeudarse irresponsablemente. Antes, algo que daban por hecho era que las personas y las empresas sabían cómo administrarse, ahora se han dado cuenta de que existe un gran vacío educativo y funcional sobre la materia.

Pero ¿qué es una *crisis económica*? La *escasez* es la falta de suficientes recursos para producir todos los servicios y productos que una sociedad requiere, y esto es lo que trata de resolver la economía; al haber escasez, hay *inflación*.

En economía, se entiende por *inflación* la subida de los precios y, en consecuencia, la tasa de inflación se asocia con el índice de crecimiento de los precios (Enciclopedia Autodidáctica Interactiva Océano, 1998: 836-837). La inflación no suele afectar a productos aislados, sino que generalmente afecta a la mayoría de los productos, haciendo un *efecto dominó*. Así, el aumento de los precios de algunas materias primas resulta en un incremento del costo de producción de lo que se fabrica con ellas, que deben venderse más caras para conservar el margen de ganancia. Al encarecerse estos productos, los consumidores suelen comprar menos de ellos con sus ingresos, ya que disminuye su poder adquisitivo, es decir, su salario real. Los consumidores presionan para que suban sus salarios, a fin de poder comprar los mismos productos que antes de subir de precio.

Cuando consiguen que se les aumenten los salarios, vuelven a subir los costos de fabricación y también los precios, y así sucesivamente en forma de *espiral inflacionaria,* hasta que los precios suben tanto que baja en picada la demanda (tanto del propio país como las exportaciones) lo que produce una situación de crisis. Así pues, las subidas de precios no afectan sólo a unos pocos productos, sino que arrastran a otros hasta alcanzar un efecto generalizado para el conjunto de la economía.

El final del proceso es la *crisis*: cae la demanda interior y el comercio exterior, las fábricas no venden y tienen que cerrar y aumenta el desempleo. Esto explica el gran interés que tienen los gobiernos en controlar la inflación para contrarrestar los desequilibrios que provoca en el sistema productivo (Enciclopedia Autodidáctica Interactiva Océano, 1998: 836-837).

Que el desánimo de los demás no le afecte

Es una realidad que la actitud negativa de los que lo rodean influye en su ánimo, ahora lo importante es qué puede hacer usted para no caer en crisis financiera personal. Primero que nada informarse, indagar, estudiar, prepararse, asesorarse, para saber más, no sólo de su especialidad.

Si es ingeniero, plomero, químico abogado, doctor, electricista, artesano, carpintero, licenciado, político, empresario, ama de casa, empleada de mostrador o el oficio o profesión que ejerza; todos necesitan ser expertos en lo suyo y adquirir también conocimientos generales de cualquier área que sirva para llevar un negocio por buen camino. Especialmente se debe saber de administración para que sus negocios funcionen, bien o para hacer rendir el salario (si es que es asalariado) aquí es donde entra el trabajo de la creatividad e inteligencia para invertir, para ser un emprendedor con una empresa que sea sustentable, y para cuidar la administración de los recursos para que estos prosperen.

Es probable que en algún momento se haya preocupado por la recesión económica, que en este momento afecta a todo el mundo, de la que se dice que ya está pasando y que influye en cada uno de nosotros en particular.

Lo que no percibimos es que tal desaceleración económica es parte de un ciclo que, como en la naturaleza, existe para depurarse y volver a surgir con mayor esplendor. Hay que verlo como una forma de reeducarnos y reestructurarnos en el ámbito de las finanzas personales, es hacer un alto en la carrera desenfrenada que llevamos, haciendo gastos innecesario, uso de créditos en general y en especial con las tarjetas, que nos cobran altos intereses y acaban por perjudicar nuestra economía si no sabemos hacer un uso correcto de ellas.

Sólo es tiempo de reorganizarnos para poner un alto a este tipo de gastos y empezar a pagar deudas sin adquirir otras, hasta sanear nuestras finanzas personales y, una vez que se haya salido de toda esta vorágine, volver a hacer planes financieros a corto, mediano y largo plazo, pero con la experiencia de lo que ya se ha vivido. Lo importante es no caer en pánico, cuidar los empleos o empresas y sacar ese genio financiero que todos llevamos dentro.

Ejemplos muy fuertes de superación posterior a una crisis son: el caso de Japón que después de la Segunda Guerra Mundial se superó económicamente; y el caso de Estados Unidos que después de la recesión económica de los años veinte, resurgió con una economía más fuerte. Ambos son ejemplos de superación de los que podemos y debemos aprender.

Cuando alguien pronuncia la palabra *crisis*, no hay que dejar, bajo ningún motivo, que el ánimo de quien lo dice (o de la colectividad misma) influya en los planes que se han proyectado. Se puede salir adelante siendo creativo, trabajador y comprometido con nuestra propia causa, con nosotros mismos.

La palabra 'recesión'

En temas de economía, a nivel mundial, se ha vuelto común escuchar la palabra *recesión*: que existe una recesión económica y que ella está afectando a todo el mundo. La sola palabra confunde a la mayoría, al no entenderla claramente, hace pensar que es algo muy grave. Lo primero que se debe hacer ante la afirmación de que se está en una recesión económica, es saber y entender el significado de la palabra, ella se refiere al periodo posterior a una fase de prosperidad económica, y en ella hay una disminución de productividad y de actividad.

Ahora que ha quedado delimitado el significado, lo más saludable es no quedarse en ese compás de espera, y prepararse más para mejorar nuestras empresas y darle un mayor empuje para volver a esa prosperidad que, como ya se dijo, es sólo un círculo de producción similar al de la naturaleza: todo se detiene aparentemente en el invierno para resurgir en la siguiente estación. La recesión es sólo una desaceleración de la producción, que no tiene porqué asustar.

Cabe mencionar lo expresado por Albert Einstein, una de las mentes más brillantes que el mundo ha conocido, respecto a la crisis económica:

> No pretendamos que las cosas cambien, si siempre hacemos lo mismo. La crisis es la mejor bendición que puede sucederle a personas y países, porque la crisis trae progreso. La creatividad nace de la angustia, como el día nace de la noche oscura (Einstein en Idobro Rendón, 2014: 31).

Acabemos de una vez con la única crisis amenazadora, que es la tragedia de no querer luchar para superarla.

CAPÍTULO 8

Recomendaciones para empresarios principiantes o aspirantes

Y ¿qué es una empresa?

Primero que nada, recuerde que una empresa es cualquier negocio (pequeño, mediano o grande), lo importante es que se encuentre apegado a la ley, que cumpla los requisitos legales, fiscales, las licencias y los permisos necesarios. En ocasiones los trámites resultan lentos y tardíos (dependiendo del ramo del negocio) pero es indispensable realizarlos para no operar en la clandestinidad.

En la Secretaría de Hacienda o en la Secretaría de Economía, le pueden dar la asesoría necesaria, en forma personal o vía internet. El estar dentro de la ley le motivará a crecer su empresa, pues recuerde que de eso se trata, de que le vaya bien y expanda su comercio.

Recomendaciones

En los siguientes puntos obtendrá consejos, sugerencias e ideas que le serán muy útiles para su vida empresarial, se le recomienda usarlos siempre, hasta que se hayan convertido en hábitos:

- El empresario debe **fijarse metas ambiciosas**, tener altas expectativas sobre su proyecto, pero es importante también ser prudente, realista y conocer sus propios límites; además de tener una logística de su proyecto, con los pies puestos en el suelo, como suele decirse. Cultive su espíritu de servicio, aprenda a tratar al cliente e imprímale calidad antes, durante y después de la venta.

- **Capacítese** en su materia y capacite a su gente, resuelva las necesidades del mercado: qué es lo que necesita el cliente para que le dé el servicio completo.

- Una vez que se domina un área, **delegue funciones**. Divida las tareas administrativas entre los colaboradores para que la operación de la firma no dependa sólo del director general, que alguien encabece siempre cada área, así usted no será el único resolviendo problemas. Mas la labor de supervisión es sólo suya, no dé por hecho que sus empleados lo saben todo; de ser así, ya tendrían su negocio.

- Aprenda a **motivar e integrar** a cada miembro del equipo de trabajo en el proyecto que se está realizando.
- **Evaluación**. Tenga metas a corto, mediano y largo plazo y, periódicamente, deberá estarlas evaluando y monitoreando para que se cumplan los objetivos; y, en caso de no ser así, lo más pronto posible poder detectar qué es lo que no está funcionando o se está haciendo mal y enderezar el rumbo.
- **Rodéese de gente** comprometida, responsable y trabajadora que, a su vez, debe ser bien remunerada, capacitada, reconocida y motivada, por lo que hay que invertir en su desarrollo personal y profesional. A la larga le redituará en ganancias.
- Forme equipos de trabajo altamente productivos escogiendo a la gente adecuada, además **dedique un tiempo para escuchar** a sus colaboradores; ellos pueden aportar buenas ideas, después de todo, además de usted, son los que más conocen el negocio.
- El éxito en los negocios depende de que haga lo que le gusta y se comprometa con su proyecto, porque las cosas solas no caminan. **Apasiónese por lo que hace.**
- Para ser su propio jefe necesita, entre otras cosas, **disciplina, automotivación, perseverancia, organización financiera y creatividad.** No se quede con una sola forma de venta, por ejemplo, tiene un local en el que vende, puede diversificar a nuevos canales de venta de su producto, como pueden ser: distribuidores, internet, catálogos o de todas las formas que su imaginación le dé. Trace objetivos *y* metas claras *y* alcanzables. Para poder evaluar el desempeño personal, sea disciplinado y práctico.
- No eche en saco roto la frase **"como te ven te tratan"**, porque efectivamente su posible cliente confía mas en una persona bien presentada y de buenos modales que en una desalineada y grosera; debe verse como lo que es, una persona triunfadora. Posiblemente esté de más decirlo, pero se tiene que recordar.
- **Prepárese**, actualícese, sea siempre el mejor en su ramo. Es cierto

que la competencia hace lo mismo, pero hay clientes suficientes para todos, usted sólo ocúpese de ser el mejor. La competencia leal siempre es buena, de ella se aprende y motiva a las partes a seguir adelante.

- Investigue cómo desarrollar su propia estrategia de venta, en usted está el que se esté informando constantemente para mejorar su calidad del producto o servicio que oferta, así como la forma de administrarse. **Estudie a su competencia**, algo le puede aprender, y recuerde que hacen lo mismo con usted; todos aprendemos de todos.

- Cada negocio, según su giro comercial y ubicación en el país, debe de tramitar licencia o permiso, o dar aviso de inicio de su negocio para **operar conforme a la ley**.

- **Véndase la idea** a usted mismo, créaselo y véndale la idea a sus empleados, que crean en su proyecto para poder vender. Por mejor que sea el servicio que oferte, si usted no cree en él, no venderá; la actitud de un vendedor que cree en su producto dará mayor certeza de que la venta se lleve a cabo.

- No pierda su tiempo promocionando su producto o servicio a un público que no sea su cliente potencial, identifique bien su mercado y enfóquese en él: a cómo hacerle saber de su negocio y los beneficios que obtiene si es su consumidor.

- **Evalúese** a través de sus clientes a quienes les pedirá una opinión personal sobre el servicio que consumieron y, si tuvieran algunas sugerencias para mejorar, acepte la opinión, aplique lo que le sirva y aprenda de lo demás.

- Trate de **superar las expectativas** del cliente, es un objetivo muy alto, pero entre más se entrene en ello cada vez se le hará más cotidiano.

- En su persona y en su empresa, debe conducirse con respeto, integridad, veracidad; esto es, con **valores** para que su cliente confié en usted y, por supuesto, no lo defraude.

- **La comunicación es básica** en las relaciones humanas y lo mismo pasa en los negocios, debe estar seguro que su mensaje se captó correctamente, por lo que debe ser claro, preciso y simple, tanto para su personal como para sus clientes.

- Su trabajo como empresario cumple varias **finalidades**:

    1. Lo principal es que le dé **ganancias monetarias** que, finalmente, se verán reflejadas en su calidad de vida.

    2. **Crear empleos**; y

    3. **Generar impuestos** que se destinarán al bienestar social, así la empresa constituye la unidad de producción básica de bienes y servicios, su función social es importante ya que, además de los dos puntos anteriores, produce los bienes y servicios necesarios para el bienestar de la población, es decir, crea riqueza activando la economía de un país.

- Como empresario genera empleo y con el empleo de personas **crea derechos y obligaciones** para ambas partes, por lo que es importante que conozca bien de qué se conforma un salario, las prestaciones a que tiene derecho el trabajador (como lo es el seguro social [médico], fondo de ahorro para vivienda y fondo de ahorro para el retiro).

- Y **¿qué es el trabajo?** es el conjunto de las capacidades físicas o intelectuales que llevan a cabo las personas que intervienen en el proceso de producción y que constituyen los recursos humanos (Enciclopedia Autodidáctica Interactiva Océano, 1998: 823), esto a cambio de un salario, que consiste en una retribución fija que percibe el que vende su fuerza de trabajo, renunciando con ello a la participación que le correspondería en el beneficio obtenido.

- **El salario mínimo** es la cantidad mínima que el patrón paga al trabajador por una jornada de trabajo diaria. El salario se compone del salario base, o sea su pago, semanal o quincenal y el salario efectivo, es el salario base más las horas extras trabajadas, incentivos, productividad, etc., así como los descuentos que puedan existir por los servicios sociales a que tienen derecho. El salario puede ser por tiempo o a destajo, el primero es por tiempo trabajado y el segundo por unidades producidas.

➢ Entre sus características, un empresario debe ser una persona confiable, y esto se gana en el día a día con el cumplimiento de lo ofrecido y no sólo cumplir por cumplir, sino **cumplir con calidad** y buena actitud, una persona que es confiable atrae a la gente, a los clientes.

➢ Cuando lleve a cabo una empresa, cumpla las reglas con las que opera su tipo de negocio: lo legal, lo ecológico, lo social y que son lo que aquí se llamarán *las reglas del juego.* En todos lados las hay, si quieres entrar a algún lugar, es sencillo: o se acepta jugar con las reglas del juego o mejor ni entrar.

➢ Una forma de estar seguro de que todo marcha bien en su empresa y que las personas le están rindiendo cuentas veraces, es a través de **auditorias**; ya sea que contrate los servicios externos de auditores, o que usted o alguno de sus empleados cuente con este conocimiento, es sano para su empresa que las lleve a cabo periódicamente.

➢ **Sea realista**, no quiera volar cuando apenas está aprendiendo a caminar, dé un paso a la vez y, si sigue caminando, a su tiempo se dará cuenta que pronto podrá correr.

➢ Aprenda a **separar el dinero** del negocio, el propio y el que destina a su casa.

➢ Antes de decidir en qué va a invertir su dinero, analice e investigue a fondo cada una de las opciones en las que está interesado y verifique que éstas se adapten a usted, a su forma de ser, a su estilo de vida. **Enamórese del proyecto**.

➢ **La inversión** es la asignación de recursos para obtener *bienes de capital*, y ellos, en su calidad de *bienes intermediarios*, se utilizarán para la obtención de otros bienes.

CAPÍTULO 9

Conceptos generales (cultura financiera)

Una de las cosas que cualquier persona que inicia en el mundo de los negocios debe tener a la mano, es un glosario con la terminología que en el día a día deberá utilizar. La siguiente compilación espera ser de utilidad para usted al realizar transacciones, firmar documentación, o al realizar contratos.

> **ACCIÓN:** Cada una de las partes en que está dividido el capital social de una sociedad anónima. Pueden ser nominales o al portador, se pueden diferenciar en series distintas por su valor nominal o por el contenido de sus derechos. Normalmente son transferibles y otorgan derechos económicos a su titular (accionista).

> **ACTITUD:** Es la forma de actuar de una persona, el comportamiento manifestado exteriormente.

> **ACTIVO:** Es un bien tangible o intangible de una empresa, también se le dice activo al importe total del haber de una empresa.

> **ACTIVO FÍSICO:** Toda pertenencia como las propiedades, los automóviles, las maquinarias y los bienes en general, de una persona física o moral.

> **ACTIVOS FINANCIEROS:** Nombre genérico que se da a las inversiones en títulos, valores, etcétera. Como pueden ser: acciones, obligaciones, bonos, fondos públicos o títulos hipotecarios.

> **AHORRO:** Es la diferencia entre el ingreso y el consumo. La parte de la renta, salario o ganancia que no se destina al gasto corriente y que es designado a un objetivo, el cual pude ser la compra de algún bien personal o uno que nos genere una ganancia.

> **AMORTIZACIÓN:** Es un término económico y contable que se refiere a la operación mediante la cual se distribuye el costo del capital fijo entre cada una de los periodos que componen su vida económica. Reembolso gradual de una deuda.

- ➤ **ANÁLISIS FODA:** Análisis que se lleva acabo a una empresa sobre sus fortalezas, oportunidades, debilidades y amenazas para observar la situación en que se encuentra, tanto internamente como en el mercado.
- ➤ **ARRENDAMIENTO FINANCIERO:** Contrato mediante el cual una empresa obtiene determinados bienes o derechos en arrendamiento de una institución financiera que cobra una cuota y ofrece la opción de compra por el valor residual del activo al vencimiento del contrato, dada la naturaleza temporal de este.
- ➤ **ASESORAR:** Dar consejo. Tomar consejo una persona de otra. En el caso de las finanzas, el *asesor* es el profesional que ayuda a descubrir las necesidades financieras de un cliente a través de un análisis de circunstancias pasadas, presentes y futuras.
- ➤ **AUTOFINANCIACIÓN:** Acumulación de fondos o recursos financieros generados en el interior de la propia empresa y utilizados para solventar las operaciones de la sociedad, evitando así el endeudamiento con terceros o con los accionistas.
- ➤ **AUTOSUFICIENTE:** Satisface sus necesidades a través de sus propios medios.
- ➤ **AVAL:** Es un compromiso unilateral de pago a favor de un tercero. Firma que se pone al pie de un documento de crédito para responder de su pago, en caso de no efectuarlo la persona obligada a él.
- ➤ **AVALAR:** Acto por el que una persona física o jurídica se responsabiliza de la conducta, las deudas o el cumplimiento de una obligación de otra persona.
- ➤ **AVITUALLAMIENTO:** Proveer de víveres.
- ➤ **BALANCE GENERAL:** Es en contabilidad el ejercicio que refleja los activos, pasivos y flujo de efectivo de una empresa.
- ➤ **BENEFICIO:** Es la diferencia entre el precio del costo y el precio de venta, es decir, la ganancia.
- ➤ **CALIDAD:** Manera de ser de una persona o cosa. La calidad de un servicio o producto es una fijación mental del cliente.
- ➤ **CAPITAL:** Riqueza acumulada que genera rentas, intereses o frutos. 2- Elemento o factor de producción, formado por la riqueza acumulada.
- ➤ **CAPITALISMO:** Sistema económico y político, basado en el predominio del capital como factor de producción y creador de

riquezas, y cuyos fundamentos son la propiedad privada de los medios de producción y libertad del mercado.

> **CARTA PODER:** Documento en el que se da un mandato a una persona para actuar en nombre de quien lo otorga, firmando en ella el poderante, el que lo recibe, y testigos.

> **CAT:** Costo anual total (para el caso de los créditos), es la cantidad de interés que vas a pagar al año por un crédito.

> **CLIENTE:** Persona que utiliza los bienes o servicios que se ofrecen al mercado por medio de una transacción financiera.

> **CONTRATO:** Pacto establecido, con ciertas formalidades, entre dos o más personas, en virtud del cual se obligan recíprocamente a ciertos compromisos. Puede ser oral o escrito.

> **CONTRIBUYENTE:** Persona física o moral (empresa) que paga su cuota de impuestos.

> **COSTOS:** Precio o cantidad que cuesta algo. Conociendo el costo de un producto se puede determinar el precio para su venta.

> **CREAR:** Producir algo de la nada.

> **CRÉDITO BANCARIO:** Es el dinero que presta un banco, o institución crediticia, a una persona física o moral a cambio de un interés bancario preestablecido.

> **CRÉDITO:** Opinión de la que goza una persona de que satisfará puntualmente los compromisos que contraiga. Préstamo de dinero donde la persona se compromete a devolver la cantidad solicitada y los intereses en un plazo determinado.

> **DEDUCIBLE DE IMPUESTOS:** Son los gastos que como persona moral o física puede rebajar de lo que le corresponde pagar de impuestos.

> **DEMANDA:** Cantidad de compradores de bienes y servicios que están dispuestos a pagar cierto precio por el satisfactor que requieren.

> **DENOMINACIÓN DE ORIGEN:** Es el nombre que se le da a un producto que sólo puede ser producido en ese lugar de donde es originario.

> **DERECHO:** Facultad de hacer o exigir lo que la ley establece en nuestro favor.

> **DERECHOS DE AUTOR:** Es el conjunto de normas y principios en la ley, que reconoce al autor de una obra y regula sus derechos morales y patrimoniales.

- **DISTRIBUCIÓN:** Los distribuidores son el contacto entre la mercancía y el cliente final. El verdadero negocio está no sólo en vender, sino en diseñar una estrategia que contemple un conocimiento a profundidad del producto, entregas a tiempo y una atención de calidad.
- **DIVERSIFICACIÓN:** Hacer diversas cosas.
- **ECONOMÍA:** Administración ordenada y prudente de los bienes o actividades de una colectividad humana, en lo que concierne a la producción o consumo.
- **EFICIENTE:** Utilización racional de los recursos productivos adecuándolos a la tecnología existente.
- **EGRESOS:** Salidas, gastos, pagos.
- **EL MERCADO:** Es el lugar en el que confluyen la oferta y la demanda de productos y servicios así como de activos financieros con la finalidad de realizar su intercambio por dinero. Es un lugar, un ámbito de encuentro en un momento determinado.
- **EMPATÍA:** Capacidad de sentir y comprender las emociones ajenas como propias. También se le llama inteligencia interpersonal, que es percibir en un contexto común lo que otro puede sentir.
- **EMPLEADO:** Fuerza de trabajo. Persona dispuesta a trabajar a cambio de un salario, que varía según sus conocimientos o capacidades laborales.
- **EMPRESA:** Es una entidad integrada por el capital y el trabajo como factores de la producción y dedicada a actividades industriales, mercantiles o de prestación de servicios. Pueden ser públicas, privadas, multinacionales, sociedades anónimas, etcétera.
- **EMPRESARIO:** Persona que lleva a cabo una empresa, fija los objetivos y toma las decisiones estratégicas acerca de las metas, medios y administración de ella.
- **ESTRATEGIA COMERCIAL:** Arte de dirigir las operaciones generales en una empresa.
- **FINANCIAR:** Aportar dinero para una empresa o sufragar los gastos de una actividad u obra.
- **FINANZAS:** La ciencia o actividades relacionadas con los flujos de capital y el dinero.
- **FINIQUITO:** Es un documento con el que se pone fin a una relación laboral entre trabajador y empresario. Saldar una cuenta.

- ➢ **FRANQUICIA:** Es un modelo para la comercialización de bienes y servicios, según el cual una persona física o moral (franquiciante) concede a otra (franquiciatario) el derecho a usar una marca por un tiempo determinado, con la ventaja de que además le transmite los conocimientos técnicos necesarios para operar el negocio con sistemas uniformes.
- ➢ **IDEA:** Cualquier representación existente en la mente. Es el ingenio que cada persona tiene para inventar o trazar una cosa. Representación mental.
- ➢ **IMPUESTO:** Contribución con que el Estado Federal, Municipal o Estatal grava los bienes de individuos y empresas y su trabajo para sufragar los gastos públicos.
- ➢ **INGRESOS:** Cantidad de dinero que se percibe con regularidad, como resultado de un trabajo que se realiza o de las inversiones que se tienen.
- ➢ **INMUEBLE:** Son los bienes que se encuentran pegados a la tierra, como las casas, los edificios, los terrenos, los ranchos, las bodegas, los locales comerciales, etcétera.
- ➢ **INNOVAR:** Cambiar las cosas, introduciendo novedades.
- ➢ **INVENTARIO:** Registro documental en que se expresa la relación estimativa de los bienes y derechos que posee una empresa en un momento determinado, así como la cantidad que debe.
- ➢ **INVERSIÓN:** Empleo de capital en la producción general de bienes, o en el aumento de la reserva de bienes productivos
- ➢ **INVERSOR, INVERSIONISTA:** Persona que invierte.
- ➢ **LICENCIA:** Contrato mediante el cual una persona tiene la facultad o permiso de hacer una cosa.
- ➢ **LICITAR:** Ofrecer precio por una cosa en subasta o almoneda.
- ➢ **LIDERAZGO:** Dirigente: el que va a la cabeza de una empresa o un mercado.
- ➢ **LOGÍSTICA:** Técnica que estudia los métodos de transporte y avituallamiento de las tropas en campaña (aplicadas aquí a la empresa).
- ➢ **MARCA COMERCIAL:** Nombre que el fabricante pone a los productos de su industria.

- ➢ **MARCA REGISTRADA:** Marca legalmente reconocida para su uso exclusivo, de quien la haya registrado. El estado le reconoce el derecho una vez dada de alta.
- ➢ **MERCADOTECNIA:** Es el estudio del mercado, es el conjunto de técnicas de investigación que tienen por objeto colectividades humanas desde el punto de vista de su poder adquisitivo, y desde la forma en que hace uso de él, a fin de orientar mejor la producción de bienes y su venta.
- ➢ **MERCANCÍA:** Todo género vendible. Cosa que se hace objeto de trato o venta.
- ➢ **MIPYME:** Micro, pequeña y mediana empresa.
- ➢ **MUEBLE:** Bienes que se poseen que son susceptibles de mover de lugar ejemplo, los enseres de una casa, un vehículo, máquina, etcétera.
- ➢ **MULTINIVEL:** En este sistema, además de obtener beneficios (como dinero o premios) por la cantidad de productos que venden, sus integrantes obtienen ingresos gracias a las ventas conseguidas por aquellos que reclutaron.
- ➢ **NOMINA:** Relación nominal de los individuos que en una oficina pública o particular han de percibir haberes, justificando con su firma haberlos recibido.
- ➢ **OBJETIVO:** Propósito o meta que se propone a cumplir en cierto plazo.
- ➢ **OFERTA DE TRABAJO:** El conjunto de personas dispuestas a trabajar.
- ➢ **OFERTA:** Es la cantidad de bienes y servicios que puede venderse a un precio determinado.
- ➢ **PAGARE:** Documento que obliga el pago de una cantidad en un tiempo determinado.
- ➢ **PASIVO:** Importe total de los débitos (deudas) y gravámenes que tiene contra sí una persona o entidad (empresa).
- ➢ **PATENTE:** Derecho que adquiere el inventor o autor de algo para disfrutar en exclusiva de los beneficios de su invento, una vez que éste fue registrado.
- ➢ **PERSONA FÍSICA:** Es todo miembro de la especie humana susceptible a adquirir derechos y contraer obligaciones.
- ➢ **PERSONA MORAL:** Una empresa o institución legalmente constituida.

- ➤ **PLANIFICAR:** Hacer el plan o proyecto de una acción. Decisión económica que establece los programas de producción o los objetivos a alcanzar, y las etapas de financiación y puesta a punto del programa; y que regula el mecanismo del mercado, de los precios y de los salarios.
- ➤ **PLUS:** Valor agregado.
- ➤ **POLÍTICA DE LA EMPRESA:** Son las reglas que impone una empresa para laborar conforme a estas.
- ➤ **PRECIO:** Valor pecuniario en que se estima una cosa.
- ➤ **PRESUPUESTO**: Cálculo anticipado de los gastos e ingresos para un tiempo determinado.
- ➤ **PRÓRROGA:** Suspender, aplazar, alargar, tiempo extra, periodo extra o tiempo suplementario.
- ➤ **PROTECCIONISMO**: Doctrina económica encaminada a proteger la economía de un estado frente a la competencia extranjera, mediante el control de las importaciones y el uso de aranceles.
- ➤ **PUBLICIDAD:** Forma de comunicación social que anuncia o da a conocer un servicio o un producto, incitando a su uso o consumo.
- ➤ **RECIBO:** Documento por el cual quien lo firma declara haber recibido alguna cosa o alguna cantidad de dinero, por parte de alguien a quien se le entrega el recibo.
- ➤ **RECESION**: Periodo posterior a una fase de prosperidad económica en el que hay una disminución de la producción y de la actividad.
- ➤ **REMANENTE**: Residuos de una cosa.
- ➤ **RENTABILIDAD:** Productividad.
- ➤ **REPRESENTACIÓN:** En este caso se obtiene la autorización de una compañía para comercializar sus productos, es una estrategia bastante explotada por las empresas que desean expandir sus operaciones a otros mercados.
- ➤ **RETO:** Desafío.
- ➤ **SALARIO:** Remuneración, en dinero o en especie, por un trabajo o servicio a un obrero o empleado.
- ➤ **SERVICIOS:** Función o prestación desempeñada por una organización o empresa y su personal.

- **SINDICATO:** Asociación formada para la defensa de intereses económicos o políticos comunes a todos los asociados, se aplica especialmente a las asociaciones obreras.
- **SUBDESARROLLO**: Desarrollo incompleto o deficiente, respecto a las propias posibilidades o al desarrollo alcanzado por otros.
- **SUBROGAR**: Sustituir a alguien o algo en una relación jurídica.
- **SUBSIDIO:** Ayuda económica para atender ciertas necesidades individuales y colectivas. Prestación pública de carácter económico y de duración determinada.
- **SUI GENERIS**: Expresión latina que significa: especial o muy singular.
- **SUPERÁVIT**: Exceso de los ingresos sobre los gastos.
- **TALENTO:** Capacidad intelectual, inteligencia, aptitud o capacidad para desempeñar o ejercer alguna ocupación.
- **TARJETA DE CRÉDITO:** Es el plástico que otorga un banco para disponer de cierta cantidad de dinero que presta a cambio de un interés bancario preestablecido, esto cuando sea firmado un contrato de préstamo de efectivo.
- **TARJETA DE DÉBITO:** Es el plástico que otorga un banco cuando existe una cuenta de débito en la que se deposita la nómina, o se guardan los ahorros, para disponer del efectivo.
- **TASA DE INTERÉS:** Es la comisión o interés preestablecido que cobra la institución crediticia por el dinero que presta en efectivo o en el pago de bienes o servicios.
- **TRABAJO:** Esfuerzo humano aplicado a la producción de la riqueza, extrayéndola, obteniéndola o transformándola.
- **VENTA POR CATÁLOGO:** Consiste en contactar personalmente al cliente para entregarle un folleto de la cartera de productos de una marca, sus características y precios, para tomar un pedido en el momento o días después.
- **VENTA/RENTA DE MAQUINARIA Y/O EQUIPO:** Se trata de compañías que ofrecen máquinas y equipos a fin de que algún inversionista las adquiera o rente para iniciar un negocio. En ocasiones, estas empresas también ofrecen insumos y servicios de mantenimiento.
- **VENTAS DIRECTAS:** Es la comercialización de bienes de consumo y servicios directamente a los consumidores, mediante el

contacto personal de un agente con sus clientes en sus hogares, en el domicilio de otros o en su lugar de trabajo.

CAPÍTULO 10

El objetivo: su libertad económica

Consiga su objetivo

No importa lo que pase, no desista, "Roma no se construyó en un día". Muchas de las limitantes que se enfrentan son por comentarios de personas que, aunque no sean mal intencionadas, sus palabras moldean o influyen tanto que se echa por tierra la credibilidad ante nosotros mismos y, al dudar, ponemos en riesgo nuestra empresa, nuestros proyectos.

Ahora bien, una vez que se aprende a no caer en la trampa y estar seguros de nosotros mismos, en creer en nuestras ideas y, como se ha dicho, no sólo una idea sino todas las que nos sean posibles, y lograr que estas funcionen hasta lograr nuestra independencia económica, que no es más que ganar más de lo que son nuestros gastos. Tome siempre en cuenta que, mientras alcanza su meta, debe disfrutar del camino del aprendizaje, que lo llevará a tener una mayor calidad en su trabajo o producto que ofrezca al público.

Alcanzar su meta es su prioridad, es su decisión personal de cómo quiere incursionar en el mundo laboral o empresarial, porque lo que para usted puede ser un gran negocio o un buen trabajo es posible que para otros no lo sea. Lo importante es que lo que a usted le parezca lo mejor, y lo lleve a cabo hasta lograr su meta y superar sus propias expectativas, sin importar en esto la opinión de otros. Lo que para unos no es importante para otros es su nicho de oportunidad, su lugar en el engranaje económico de una sociedad, por lo que es vital que crea en su proyecto y ponga todo su esfuerzo y dedicación para realizarlo. De nada sirve que usted crea en una idea y que al menor comentario o dificultad este proyecto se venga abajo, sólo usted es responsable de que funcione aunque al resto del mundo no le parezca una gran idea. Cada persona posee características y gustos diferentes que la hacen ver cada cosa de manera distinta y encontrar oportunidades donde otros no las ven. En esto radica el éxito de una idea vista desde la perspectiva de una persona que creyó en ella sin importar lo que los demás opinaran y en contra de las probabilidades de éxito que fuera a tener.

Una vez que se decida a seguir un sueño, no desista, los sueños son los que con trabajo y esfuerzo acaban siendo empresas que generan riquezas. Recuerde que si alguien pudo usted también puede, alcance su meta, todas las dificultades sólo son eso: cosas difíciles pero no imposibles, sólo venza los obstáculos y consiga todo lo que se proponga para alcanzar su libertad económica que, como se dijo en páginas anteriores, implica conseguir ingresos pasivos, estos son los que se obtienen sin trabajo personal, como son las ganancias o rentas, y que éstos superen sus gastos habituales.

Cuándo iniciar un negocio

El momento económico por el que esté pasando el mundo, un país, una ciudad, una familia o una persona, no importa, cualquier tiempo es bueno para comenzar un negocio, lo importante es que esté basado en una buena planeación. Esto implica informarse, asesorarse e investigar sobre el giro de la empresa que desea echar a andar. La base de todo es su determinación para lograr lo que se proponga, sólo recuerde que no basta con ser bueno, hay que ser distinto y con calidad; debe ser auténtico, ser congruente con lo que ofrece y con lo que da, agregando un *plus* al servicio que oferta en el mercado, un valor agregado que lo haga más atractivo ante sus competidores y aquí aplica tanto para una empresa como para un empleo.

Es un hecho que, aunque desaparezca la crisis mundial, esto es ya un aprendizaje, los consumidores han aprendido a aplicar de la manera más óptima posible sus recursos para sacar el mayor provecho de estos, por lo que los empresarios deben de ofrecer servicios de calidad, porque la competencia en el rubro de la calidad es cada día mayor.

A mis alumnos les digo que pongan tres elementos en todo lo que hagan en sus vidas: *calidad, actitud positiva* y *respeto*. La *calidad* es la única palabra con la que se puede definir un trabajo, un servicio y un producto. Por *actitud positiva* se entiende que, emprenda lo que emprenda, siempre debe pensar en que será un éxito y no bloquearse pensando en que no va a resultar.

El *respeto* no es sólo a los demás, también hay que aprender a respetarse a sí mismo y a no hacer distinciones entre empleados, clientes o personas ajenas al negocio; todos merecen respeto. Además hay que ser cuidadoso con el medio ambiente, ya que sin esto no se tendrá credibilidad en el mercado, laboral o empresarial.

Nunca pierda su integridad, si no tiene calidad moral, nadie confiará en usted. Sea honesto hasta con el enemigo, "lo cortés no quita lo valiente"; es decir, trabaje apegado a la norma jurídica, sin ser fraudulento ni evasivo de sus responsabilidades. Cualquier empresa o trabajo tiene sus propias *reglas del juego* a las que hay que apegarse ya que es esta la mejor manera que existe para crecer en un trabajo o empresa.

De nada le servirá ofrecer un servicio que sólo aparente ser bueno, si una vez que el cliente lo adquiera se percatará de que no cumple con todo lo que se le ofreció. Es importante dar lo que se ofrece, un cliente contento será su mejor publicidad.

Efectivamente un negocio debe comenzarse en cualquier momento pero ese momento sólo lo determina la persona que esté al frente, ella sabrá cuándo se tienen todos los elementos para que funcione obteniendo óptimos resultados. El mejor momento para emprender su negocio es *siempre*, no debe dejarse influir por la negatividad de la sociedad ni de quienes lo rodean, la decisión es suya.

La calidad ante todo

Sea perfeccionista en el servicio o producto que oferte al mercado, sin ser obsesivo ni llevar este perfeccionismo a su vida privada que la puede llegar a dañar.

Todos buscan calidad, cada vez son más las personas a las que no les importa pagar el precio de la calidad que redunda en un artículo o servicio que brindará una entera satisfacción y que no dará problemas. Ahora, si esta calidad la encontramos a un buen precio, no dudaremos en adquirirla. No pierda de vista que son importantes los procesos de producción y de venta para que se traduzcan en ganancias y, con esto, su empresa cumpla con el objetivo para el que fue creada, y además satisfaga una necesidad en el mercado.

Para esto hay que ser disciplinados y dedicarle el tiempo necesario para que funcione, recuerde que, finalmente, una empresa crea riquezas a todos a los que en ella participan, da oportunidades de trabajo, satisface una necesidad en el mercado, es una fuente de ingresos para su propietario, además de aportar un ingreso al erario público a través de impuestos y derechos que se verán transformados en los servicios que el estado proporciona a los gobernados, para una mayor calidad de vida.

Todo evoluciona

No hay que estancarse ni resistirse al cambio, la vida, en todos sus aspectos, es una evolución constante a la que hay que irse adaptando o, en su defecto, morir. La evolución, como todo cambio, es para mejorar, para darnos la oportunidad de avanzar, así aplica también en nuestro trabajo o empresa; y así una empresa, nace, crece y evoluciona, adaptándose a los cambios sociales, culturales, económicos, ecológicos, de salud, de calidad, etcétera.

No se puede quedar estático, como empresa se tiene que evolucionar según los requerimientos del mercado y de nosotros mismos para seguir creciendo. Debemos hacer uso de la tecnología existente tanto en los medios de producción como de comunicación, del Internet, que cada día está más presente en una sociedad que se precia de ser vanguardista, y que se ha convertido en una herramienta útil para las empresas y trabajos.

La globalización es el mejor ejemplo de que todo evoluciona, no sólo en lo económico sino en el capital, el trabajo, las tecnologías, la información; los cambios son necesarios y buenos. La globalización consiste en formar un mercado en el que un producto elaborado en cualquier parte del mundo sea susceptible de ser vendido también en el mundo entero sin mayores restricciones que los trámites legales necesarios para ser ingresado a cada país.

Como una ley natural, nada en el Universo es estático, todo evoluciona, cambia para mejorar, para adaptarse y sobrevivir, por lo que este principio también debe prevalecer en su empresa o área laboral para no quedarse estancado y así seguir progresando, actualizándose y ser cada día mejor.

La globalización actual es la consecuencia de lo que ha ocurrido en el mundo a través de su historia, del intento del hombre por conquistar más allá de sus fronteras, expandiendo su economía, su cultura, su religión y todo lo concerniente a una sociedad progresista como en la que ahora vivimos. Esto se calificaría como evolución constante de la que todos somos parte, lo que trae progreso y, como consecuencia, buena calidad de vida, o por lo menos así debería ser porque de nada sirve tanto esfuerzo si la finalidad no es esa.

Usted: el mejor empresario

Espero que la lectura de este libro haya influido de manera positiva en su vida, que si no es un parteaguas en ella, por lo menos la considere una buena aportación a sus hábitos económicos personales. Ojalá de ahora en adelante tenga presentes los consejos que aquí encontró y le ayuden a crear riqueza. De ser así, el objetivo de este trabajo se habrá cumplido: el deseo de aportarle algo positivo a la sociedad que le ayude a mejorar su situación económica y con ella llevar prosperidad a más gente, para lograr que el mundo sea cada día mejor.

Todos llevamos un empresario en potencia en nuestra vida, sólo falta que lo saquemos y lo pongamos a trabajar. Todos tenemos la capacidad de llegar a ser emprendedores, creativos y creadores de empresas. Lo principal es no perder la fe, tener una idea y trabajar hasta materializarla, ya que, como dice Paulo Coelho, "Cuando se quiere algo, todo el Universo conspira para que esa persona consiga realizar su sueño" (El alquimista, 1988: 80).

El trabajo, en cualquiera de sus formas, dignifica al individuo y le da identidad en la sociedad, cada uno va encontrando su lugar en este engranaje de la economía en la que todos participan, desde los niños, amas de casa, empleados, empresarios, profesionistas; y cada uno, de diferente forma, aporta algo a la economía del mundo.

Es importante lo que se gana, pero más importante es en lo que se emplea, y el gusto y la pasión que se pone en el trabajo, ganancia que debe ser destinada para una mayor calidad de vida, que implica no sólo lo material, sino vivir con calidad, con actitud positiva y con respeto, pero también con pasión por lo que se hace; que es lo que lo mantendrá vivo y evolucionando.

Fuentes

Coelho, P. (1988). *El Alquimista*. Ediciones La Cueva, versión electrónica.

Diccionario Enciclopédico Salvat. Tomo 9. (1975). Barcelona: Salvat Editores.

El Universal.mx, sábado 4 de diciembre de 2010, documento electrónico, entrevista a Carlos Slim, disponible en **http://archivo.eluniversal.com.mx/notas/727992.html**.

Enciclopedia Autodidáctica Interactiva Océano, Tomo 3. (1998) Barcelona: Grupo Océano.

Entrepreneur (2010) Volumen 18, Número 02, febrero de 2010. Distrito Federal: Iasa Comunicación.

Entrepreneur (2010) Volumen 18, Número 03, marzo de 2010. Distrito Federal: Iasa Comunicación.

Idrobro Rendón, J.C. (2014). *Método ROER 7X4. Método para solución de problemas empresariales y paradigmas antiguos*. E.U: Palibro.

Inversionista (2010). Número 268. Enero de 2010. Distrito Federal: Editorial Premiere.

Inversionista (2010). Número 272. Mayo de 2010. Distrito Federal: Editorial Premiere.

La guía para construir tu patrimonio: futuro sólido (2007) en Edición Especial Inversionista. Distrito Federal: Editorial Premiere.

Larousse Diccionario práctico de español moderno. (1994). Distrito Federal: Larousse.

Programa de Formación de Inversores (página web) Disponible en: **http://www.programafinanciero.com/** [Consultada el 15 de diciembre de 2010].

Stoner, J., Wankel, Ch. (1989). *Administración*. Trad. Rosa María Rosas Sánchez. Edo. De México: Prentice.

Székely, Á. (2010). "10 formas de ahorrar en salud" en *Revista del consumidor*, abril de 2010, núm. 398. Distrito Federal: Procuraduría Federal del Consumidor.

Valiñas, J. M. (2010). "Dinero llama dinero" en *Inversionista*, Número 272. Mayo de 2010. Distrito Federal: Editorial Premiere.

www.ingramcontent.com/pod-product-compliance
Lightning Source LLC
Chambersburg PA
CBHW070335190526
45169CB00005B/1896